MW01708090

Train De nuit

Sigrid Baffert

est née en 1972. Après un bac scientifique, elle a slalomé entre une maîtrise de montage audiovisuel, une licence de projets culturels, des cours d'art dramatique et de chant. En 1996, elle arrive à Paris pour travailler dans des musées, tout en écrivant ses premiers romans et diverses chansons. Depuis 1999, elle se consacre exclusivement à l'écriture de romans, publiés aux éditions Syros et Bayard Jeunesse.

Frederik Peeters

a 30 ans. Il vit à Genève, en Suisse. Il dessine depuis qu'il est tout petit. Avec une bande d'amis, il a commencé à fabriquer ses bandes dessinées lui-même. Depuis, ses histoires sont éditées en Suisse et en France.

© 2006, Bayard Éditions Jeunesse
© 2003, magazine D Lire
Tous les droits réservés. Reproduction, même partielle, interdite.
Dépôt légal : mai 2006
Loi du 16 juillet 1949 sur les publications destinées à la jeunesse.

Train De nuit

Une histoire écrite par Sigrid Baffert
illustrée par Frederik Peeters

BAYARD POCHE

THE ADAMS FAMILY

1
La mère Cyanure

– Enfin, Elyo ! s'est emportée maman. Ce n'est pas un monstre !

– Non, jamais de la vie !

– Tu pourrais faire un effort.

– Plutôt mourir !

J'ai claqué la porte si violemment que les punaises de mon poster de la famille Adams ont volé comme des mouches.

Maman s'est éloignée en marmonnant.

Je ne céderai pas. Je préfère un mois de régime aux brocolis que passer douze heures en tête-à-tête avec la mère Cyanure. Surtout dans un wagon-lit, sans sortie de secours.

« La mère Cyanure » est le surnom de mon institutrice de CM2, Mme Cégnure. Je la déteste. Ce n'est pas qu'elle soit trop sévère ou qu'elle donne des punitions. Non. C'est presque pire, elle est aussi froide qu'un congélo. Jamais un sourire d'encouragement, jamais d'humour. Par contre, pour vous lancer une vanne... C'est pour ça qu'on lui a collé un nom de poison. Il y a des gens qu'on ne peut pas sentir, c'est comme ça. Il faut dire qu'elle s'est opposée à mon passage en 6e. Il paraît que je suis trop dissipé, que j'arrive pas à me concentrer. Sans maman, j'aurais redoublé mon CM2. La vérité, c'est que je m'ennuie comme un rat mort dans la classe de la mère Cyanure.

Tout le mois de juillet, maman travaille à la boutique, et je dois rejoindre mon père à Barcelone. L'avion est trop cher. Papa est débordé et ne peut pas venir me chercher à Paris. Maman se torturait les méninges pour trouver une solution, lorsqu'elle a appris que mon institutrice se rendait aussi en Espagne.

« À Barcelone, vous aussi ? Quelle coïncidence, justement, mon fils... et patati, et patata... »

D'une pierre deux coups, qu'elle s'est dit. Pourquoi Elyo ne voyagerait pas avec elle ? L'idée du siècle !

Le soir, à table, maman est revenue à la charge :

– Écoute, Elyo, tu n'as pas le choix. Soit tu acceptes de partir avec Mme Cégnure, soit tu joues les têtes de mule, et tu restes à Paris avec moi. Mais, crois-moi, ça ne va pas être folichon !

Les yeux plongés dans mon verre à moutarde, j'ai pesé le pour et le contre. D'un côté, maman, sur les nerfs à cause des soldes et des clientes en furie, Paris-Plage, l'arrivée du Tour de France, les journées parapluie à zapper de programme

recyclé en programme nul. Pas le top. De l'autre, Barcelone, la mer, la grande roue du parc Tibidabo, mes balades à rollers dans la ville olympique, bref, la vie de pacha entre hommes avec papa que je n'ai pas vu depuis des mois. Après tout, le soleil espagnol vaut bien douze heures avec vue imprenable sur la tête d'adjudant-chef de la mère Cyanure. En train de nuit, il suffit de fermer les yeux...

J'ai cédé.

2
En voiture, Cyanure

Gare d'Austerlitz, 21 h 15.

Je viens de composter mon billet, où il est écrit que mon supplice s'arrêtera demain à 10 h 34, à Barcelona-Santz. Maman scrute la foule. La mère Cyanure ne va pas tarder à pointer son nez.

J'ai préparé un plan de survie. Batterie de chewing-gums menthe polaire qui tue. Game Boy et éventail de BD en guise de paravent. Walkman et Boules Quiès pour l'isolation acoustique. De quoi assurer un cordon sanitaire entre la mère Cyanure et moi.

– Enfin, s'inquiète maman, tu vas bien dormir un peu !

– Tu parles ! Si ça se trouve, elle ronfle !

Maman hausse les épaules :

– Arrête ton cirque, Elyo ! Je sais bien que tu n'apprécies pas beaucoup ton institutrice, mais, là, tu en fais un peu trop !

Je m'apprête à répliquer quand mes yeux s'écarquillent. Non, je ne rêve pas. La mère Cyanure se dresse devant moi : jean et baskets, mascara, boucles d'oreilles clinquantes... Elle a un look drôlement plus sympa qu'avec son pantalon marine et ses mocassins plats devant son tableau noir ! Y'a pas à dire, les vacances d'été, ça vous rajeunit une instit.

Ignorant ma mine ahurie, elle me lance avec autorité :

– Bonjour, Elyo. Voiture 6, places 34 et 36, c'est ça ?

Côté chaleur humaine, elle n'a pas changé.

– On se dépêche, ajoute-t-elle, je n'aime pas m'installer au milieu de la cohue.

Maman hoche la tête, saisit mes bagages et emboîte le pas à la mère Cyanure.

Je monte sur le marche pied et murmure entre mes dents :

– Euh... M'man, c'est pas la peine que tu m'accompagnes dans le wagon. Je me débrouille, t'inquiète !

Elle me presse dans ses bras comme si je partais en mission sur la Lune.

– Tu écoutes bien Mme Cégnure, hein, mon chéri…

– Mais oui !

Je me libère : inutile qu'elle me file la honte sur le quai avec ses recommandations. Je me sauve dans le couloir en espérant qu'elle ne restera pas derrière la vitre à me faire de grands signes.

Je suis la mère Cyanure jusqu'à notre compartiment, équipé de six couchettes. Sans demander mon avis, elle s'installe sur celle du bas. Je monte mes bagages en soufflant, lorsque je vois ma valise s'élever toute seule au-dessus de ma tête. Je me retourne et me retrouve nez à nez – ou plutôt nez à nombril – avec une géante.

– C'est pon, cheune homme ? me glisse-t-elle avec un clin d'œil.

La dame doit mesurer 1,90m. Sûrement une Hollandaise. Ou bien une basketteuse. Ou les deux. Ce qu'il y a de sûr, c'est qu'elle vient de débarquer avec une malle et au moins cinq sacs. Le compartiment est envahi par les bagages.

La mère Cyanure roule des yeux furieux.

– Oh là ! Il faut s'organiser, sinon ce voyage va être impossible !

Je rougis jusqu'à la racine des cheveux. Le train n'a pas encore démarré que mon instit joue déjà les adjudants-chefs.

– Ne fous énerfez pas, s'excuse la basketteuse, che fais arrancher ça.

Nous l'aidons à aménager le peu d'espace vital qui nous reste. Pour sortir dans le couloir, on est obligés d'enjamber un sac à dos, une guitare, un duvet et un cabas de nourriture qui doit sûrement contenir un fossile de sandwich, parce qu'une odeur de pâté rance commence à se répandre dans le wagon, malgré la clim.

C'est le moment qu'un monsieur avec un gros attaché-case choisit pour entrer. À cause du bazar de la basketteuse, il manque de s'étaler par terre en voulant atteindre sa place, puis, sans ciller, il s'assied, sort un ordinateur et un téléphone portables. Il se met à pianoter et à passer coup de fil sur coup de fil. S'il continue, il va avoir l'empreinte du combiné sur la joue. Je l'observe du coin de l'œil, planqué derrière une BD. J'ai envie de lui glisser : « Mon pauvre gars, profite bien, parce que, si la mère Cyanure s'énerve, ça va barder dur... » Ça ne loupe pas. Moins d'un quart d'heure plus tard, elle lui décoche une réflexion bien sentie :

– Ma parole, c'est pire qu'au secrétariat général de la NASA !

Penaud, Mister Micro émigre dans le couloir avec son matériel. Bientôt, on n'entend plus que le roulement lancinant du train. Depuis ma couchette, j'observe discrètement la mère Cyanure. Elle a les yeux vissés sur un livre de mille pages. Elle doit acheter ses romans au poids. On n'a pas échangé cinq mots depuis le départ. Je vais m'éclater, c'est sûr.

3
Où est Cyanure ?

J'ai dû somnoler un sacré moment sur ma BD. Il fait maintenant nuit noire. Aucune idée de l'heure.

En face de moi, Mister Micro a réintégré sa place et pianote sur son ordinateur, sur lequel il a branché un casque de walkman. La mère Cyanure n'y est sûrement pas étrangère. Je remarque qu'il a enfilé un bas de pyjama. Je me retiens de pouffer.

Au-dessus de lui, la basketteuse ronfle déjà à poings fermés, mais à bouche grande ouverte. Ma vessie me tenaille, et je me décide à descendre de l'échelle. Je n'ose pas tourner la tête vers la mère Cyanure. Mon pied rencontre quelque chose de mou. Sûrement un sandwich pâté-gouda dans le cabas de la Hollandaise. Tant pis. J'ouvre la porte avec précaution. La lumière vive des néons me fait cligner des yeux. À part un jeune couple qui fume devant la fenêtre, le couloir est désert, toutes les portes sont closes. Rien de plus mortel que l'ambiance d'un train de nuit.

Quand je retourne dans le compartiment, Cyanure est toujours plongée dans son roman. Ma parole, elle ne dort jamais ! Voilà pourquoi elle corrigeait nos devoirs du jour au lendemain. Je remonte sur l'échelle en pestant intérieurement contre ma mère. Au bout d'un moment, je finis par sombrer en plein milieu d'une partie de Spiderman sur ma Game Boy. Sans son, évidemment. Le son, il arrive plus tard.

Une alarme stridente. Un crissement infernal. Le réveil est brutal.

Valises et sacs valsent dans le wagon. Je suis violemment projeté à terre. Heureusement, ma chute est amortie par les affaires de la basketteuse. Mes incisives tiennent bon. Quand le train s'immobilise enfin, nous sommes dans une obscurité totale. L'alarme nous vrille toujours les oreilles.

– Tout va bien ? me glisse une voix au ras du sol.

Je tâte mes articulations :

– Je crois que oui…

À l'aveuglette, je tente de me redresser et me heurte à Mister Micro, à quatre pattes, à la recherche de son téléphone. Pour le retrouver dans ce capharnaüm, il lui faudrait des chiens d'avalanche.

J'appelle mon institutrice. Pas de réponse. Avec prudence, je m'approche de sa couchette. Elle est vide. Où est-ce qu'elle est passée ? La basketteuse n'est pas là non plus. Ça s'agite dans le couloir. Derrière la cloison, malgré le vacarme de la sonnerie, on entend les hurlements d'un bébé, des objets qu'on déplace, des portes qu'on ouvre. Si personne n'a été écrabouillé par un bagage volant non identifié, on aura eu de la chance ! Nous restons quelques minutes dans le noir, en attendant une explication.

– Bon, alors, ils rallument, oui ou non ? s'exclame Mister Micro.

Je crie :

– On a percuté quelque chose ?

– Je ne sais pas.

Le boucan s'arrête enfin, et les haut-parleurs crachotent :

« Mesdames et messieurs, notre train va être immobilisé pour une durée indéterminée. Vous êtes priés de ne pas ouvrir les portes et de rester dans vos compartiments. Nous nous efforçons de rétablir le courant. »

Il y a intérêt, parce que, sans jus, la clim ne marche pas, et ça va devenir un sauna, ici. On ouvre les fenêtres pour happer un peu d'oxygène. À tâtons, je remonte à ma place dans l'espoir d'atteindre mon petit sac à dos, s'il y est encore. Si je mets la main sur mon porte-clefs-lampe de poche, on est sauvés.

Je farfouille. Ouf !

– Hé, petit ! Ça ne te dérangerait pas de diriger ta lampe par ici ? me lance Mister Micro, que je devine la truffe toujours au sol, en quête de son téléphone cellulaire.

Je le laisse à ses fouilles et me glisse hors du compartiment. J'ai d'autres préoccupations. Trois heures du matin. Que fiche la mère Cyanure ?

Dans le couloir, c'est le branle-bas de combat. Je me cogne à des ombres, d'autres ombres me marchent sur les pieds, discutent et grommellent, des torches m'aveuglent. Tout le monde a passé la tête hors du compartiment. Ce qui est idiot, puisqu'on ne voit rien.

– Qui a tiré l'alarme d'urgence ? demande un homme.

– Mesdames et messieurs, crie le contrôleur, pas de panique !

Grâce à ma lampe, je réussis à progresser dans le couloir encombré. Parvenu à l'extrémité du

wagon, je frappe à la porte des toilettes. On ne sait jamais.

– Madame Cégnure ?

– Fiche-moi la paix ! aboie quelqu'un.

– Pardon, m'sieur !

S'il était enfermé là lors du freinage brutal, pas étonnant qu'il soit de mauvaise humeur…

Où est Cyanure ?

Je réfléchis. La mère Cyanure est peut-être dans la voiture-bar. Je me dirige vers le bout du wagon. Au moment où la porte coulisse, une faible lumière réapparaît dans un « aaaah ! » de soulagement général. Je me faufile en râlant quand je me heurte à un groupe. Je comprends soudain la raison de cet attroupement. Quelqu'un est étendu sur le sol, inconscient. Et ce quelqu'un, c'est… la basketteuse !

4
Dur pour cyanure...

Stupéfait, je m'approche.

– On l'a découverte inanimée dans le sas entre deux voitures, commente une grand-mère.

– C'est ta maman ? me demande un homme à moustache.

Je bredouille :

– Nnnnon. Je ne la connais pas. Elle voyage juste dans le même compartiment que moi, et...

Je ne sais pas pourquoi, je regrette aussitôt ces paroles. L'homme entame un bouche-à-bouche avec la Hollandaise. J'espère qu'elle apprécie la moustache.

Lentement, elle ouvre des yeux hagards.

Elle se redresse comme un automate et balbutie :

– On m'a azzommée...

– Ne vous agitez pas, lui conseille la vieille dame.

J'aperçois alors le visage de la mère Cyanure parmi le cercle des passagers.

– Z'est elle ! Che la reconnais ! s'écrie brusquement la basketteuse en désignant mon institutrice. Zette femme m'a akrezzée ! Arrêtez-la !

J'écarquille les yeux. Ce doit être un cauchemar. Tout se passe très vite. Malgré ses protestations, la mère Cyanure est empoignée par plusieurs voyageurs. Deux contrôleurs surgissent et s'enquièrent du problème. Les passagers s'empressent d'accuser mon institutrice.

– Mais, enfin, c'est une méprise ! se défend-elle, sidérée. Je ne comprends rien à toute cette histoire !

Son regard effaré balaie la cohue et rencontre le mien. Il semble me dire : « Ne les écoute pas, Elyo, c'est faux ! »

Je m'écrie :

– Laissez-la ! Elle n'a rien fait ! Ce sont des mensonges !

C'est bien la première fois que je joue les

avocats de la mère Cyanure ! Et si elle était coupable ? Non, ça n'a pas de sens...

– Qui es-tu ? me demande un contrôleur.

Je rougis :

– Je suis son élève. On voyage ensemble.

– Bravo, l'Éducation nationale ! marmonne la mamie.

– Je reviens à l'instant des toilettes en voiture 3, reprend mon institutrice.

– Où est votre couchette, madame ? l'interroge le second contrôleur.

– Voiture 6.

– Pourquoi avoir traversé le train, alors ?

– C'était occupé. Et comme j'avais l'intention de prendre un café ensuite...

– C'est la vérité, je coupe, les toilettes de notre wagon étaient occupées.

– Z'est elle, ch'en zuis zûre ! insiste la basketteuse, qui se masse la nuque en grimaçant.

– Je suis innocente, murmure la mère Cyanure d'une voix blanche.

Un brouhaha indescriptible envahit le bar. Sans ménagement, les contrôleurs entraînent mon institutrice vers la cabine qui leur est réservée.

Je les suis, angoissé :

– Ben, et moi, alors ?

– Cet enfant est sous ma responsabilité ! intervient mon institutrice.

– À partir de maintenant, nous allons nous occuper de lui, déclare un contrôleur en saisissant son téléphone. Je préviens sur-le-champ la gendarmerie de Perpignan. Nous y ferons un arrêt express dans trois heures, et ils aviseront. On ne peut pas vous laisser passer la frontière espagnole dans ces circonstances. En attendant, ne bougez pas de cette cabine jusqu'à notre arrivée à la gare de Perpignan !

Consterné, je contemple la mère Cyanure,

traitée comme une criminelle. Il ne lui manque que les menottes.

– Laissez-moi parler une minute à Elyo, demande-t-elle.

– Pas question !

– Ce n'est qu'un enfant !

Discrètement, elle me fait un signe. Je saisis le message et me mets à chougner comme un moutard de quatre ans.

– Ça va ! grommelle le contrôleur. Deux minutes, hein ? Ensuite, il regagnera votre compartiment.

Je m'approche de mon institutrice, qui me serre dans ses bras. Son cœur bat contre ma tempe comme un tam-tam.

– Ne t'inquiète pas, c'est une erreur, dit-elle assez fort pour qu'on l'entende, tandis que sa main gauche glisse furtivement un papier dans la poche de mon jean. Tu vas retrouver ton père à Barcelone, comme prévu.

J'acquiesce en reniflant. Apparemment, ma performance d'acteur est convaincante.

Elle m'embrasse et me chuchote à l'oreille :

– Appelle ce numéro de téléphone de ma part.

Je chuchote :

– C'est qui ? Qu'est-ce que je dois dire ?

Mais le contrôleur m'entraîne dans le couloir.

– Laissez-moi au moins récupérer ma valise ! dit la mère Cyanure.

– On verra plus tard, rétorque l'employé.

L'ambiance est électrique. Les passagers circulent partout, rangent leurs bagages, assaillent le contrôleur, interrogent dans toutes les langues.

– Du calme ! dit-il aux voyageurs anxieux en me

poussant devant lui, mon collègue et moi allons passer parmi vous afin de régler les problèmes de correspondances.

« Mesdames et messieurs, veuillez regagner votre voiture. Le train va repartir dans quelques minutes », annonce-t-on bientôt au micro.

De retour dans le compartiment, on ne trouve que Mister Micro, à demi somnolent, qui sursaute à notre arrivée. Visiblement, il n'est pas au courant de la mésaventure de mon institutrice.

– Pas trop tôt ! J'espère qu'on va rattraper notre retard ! grogne-t-il à l'adresse du contrôleur qui m'accompagne.

– Nous nous y efforçons, réplique ce dernier en m'aidant à mettre les bagages de la mère Cyanure sur la couchette du haut. Vous pourriez veiller sur ce jeune garçon ?

– Mais pourquoi ? Où est la dame qui était avec lui ?

– Elle ne peut plus s'occuper de lui, tranche le contrôleur, pressé. Je reviendrai te chercher avant notre arrivée à Perpignan, me lance-t-il en sortant.

– Je ne suis pas baby-sitter ! ronchonne Mister Micro.

Je réplique :

– Vous m'avez bien regardé ? Je ne suis plus à la Blédine, au cas où vous n'auriez pas remarqué !

Il s'allonge de nouveau, sans cesser de bougonner :

– Bon, maintenant, on essaie de dormir. Bonne nuit !

La basketteuse n'a toujours pas réapparu. On doit la soigner ailleurs. Je soupire et m'installe sur la couchette de mon institutrice. Les idées se cognent dans ma tête. Et si la mère Cyanure me cachait quelque chose ? Je serre son papier chiffonné au fond de la poche. Je dois trouver un moyen de téléphoner discrètement.

5
De plus en plus obscur

Dix minutes suffisent à Mister Micro pour se mettre à ronfler. Je m'assure qu'il est endormi profondément et allume ma petite lampe de poche. Il faut absolument que je parvienne à chiper son téléphone portable ! Nous atteindrons la gare de Perpignan aux alentours de sept heures. Il est cinq heures moins vingt. Ça signifie qu'il me reste peu de temps pour essayer de tirer les choses au clair.

Comme un chat à l'affût, je m'approche de la veste de Mister Micro posée sur son attaché-case, à quelques centimètres de son visage.

En tremblant, je fouille ses poches, sans cesser de guetter sa respiration irrégulière. Il a un sursaut mais ne s'éveille pas. Je réussis à mettre la main sur son téléphone. Ouf, il n'est pas éteint ! Sans le code pin, c'était cuit.

Silencieusement, je m'engouffre dans le couloir, esquive de justesse le regard d'un contrôleur en pourparlers avec un voyageur devant un compartiment voisin et cours jusqu'aux toilettes, où

je m'enferme à double tour. J'abaisse le couvercle de la cuvette et m'y assois. Ici, je serai tranquille.

Après avoir pris une grande inspiration, je compose le numéro griffonné par mon institutrice. J'ai une trouille d'enfer.

– Allô? répond une voix masculine, qui paraît tout à fait éveillée malgré l'heure.

Je balbutie :

– Euh... j'appelle de la part de Mme Cégnure.

– Bon sang ! s'exclame l'homme. Qu'est-ce qui se passe ?

Méfiant, j'ai un temps d'hésitation, puis je demande :

– Qui êtes-vous ?

Je me sens un peu ridicule.

– Et vous, qui êtes-vous ? questionne mon interlocuteur, qui ne semble pas avoir compris qu'il s'adressait à un enfant.

Il faut dire que je parle d'une voix étouffée et que le réseau est médiocre.

J'insiste :

– Non, vous d'abord !

– Assez blablaté, s'impatiente-t-il. Qu'est-ce qui se passe, à la fin ?

Soudain, on tambourine à la porte des toilettes.

Je sursaute et me tais un instant, tétanisé.

– Allô ? Allô ! répète l'homme à l'autre bout du fil.

– Je ne peux pas vous parler, dis-je en baissant le ton. Mme Cégnure m'a demandé de vous prévenir.

– Elle n'est pas en route pour Barcelone ?

Je poursuis malgré les coups, insistants :

– Si, si... Mais il y a un pépin. On l'accuse d'avoir agressé une passagère, et elle est bouclée dans la cabine des contrôleurs. Ils veulent la livrer à la police de Perpignan. On y sera dans un peu plus de deux heures.

L'homme jure.

– C'est quoi, ce délire ? lâche-t-il.

Je suis au bord des larmes.

– J'en sais rien. J'y comprends rien. Vous pourriez pas...

Les coups redoublent.

– Il faut que je raccroche, dis-je, affolé, avant de glisser le téléphone dans ma poche.

Il était moins une. Le verrou pivote et quelqu'un pousse la porte. Une silhouette apparaît sur le seuil. J'ouvre la bouche pour hurler quand je m'arrête net. C'est un des contrôleurs, son passe-partout à la main.

– Encore toi ! grommelle-t-il, très agacé. Pourquoi tu ne réponds pas ? Je t'ai pris pour un fraudeur !

Tout ça commence à me taper sur les nerfs :

– J'avais une envie urgente ! Fallait vous envoyer un recommandé, peut-être ?

Le contrôleur me raccompagne jusque devant mon compartiment.

Je râle :

– Je connais le chemin !

Il me pousse à l'intérieur :

– Tiens-toi tranquille, maintenant ! ordonne-t-il en s'éloignant.

Me voilà de nouveau coincé dans cette cage.

Mister Micro ronfle toujours comme un ours en hibernation, seul. Heureusement qu'il est chargé de veiller sur moi, tiens ! Je remets le téléphone dans sa veste et reste un instant assis à réfléchir dans le noir. Quand je pense que maman m'a confié à mon institutrice pour que je voyage en sécurité… Si elle me voyait ! Sans compter papa qui va s'inquiéter de mon retard… Le doute commence à me ronger. Et si la mère Cyanure trempait dans une affaire suspecte ? Après tout, je ne sais rien d'elle. Qui est le mystérieux interlocuteur que j'ai eu en ligne tout à l'heure ? C'est une histoire de dingue !

Incapable de dormir, je tourne et retourne les événements des dernières heures dans mon esprit. Mes yeux tombent sur les bagages entassés de la basketteuse. Elle n'est pas revenue. C'est louche. J'ai bien envie de jeter un œil sur ses affaires. Je découvrirai peut-être quelque chose. Je me relève, un peu groggy de fatigue. Mon pied percute un des sacs. Bizarre, il semble assez léger malgré sa taille. Une goutte de sueur dégouline le long de mes omoplates. Pourvu que la basketteuse ne débarque pas maintenant ! Bah, elle avait l'air bien sonnée.

Si ça se trouve, elle se repose dans une autre voiture.

Délicatement, j'ouvre son sac à dos et y plonge ma torche. Je ne découvre que… des chiffons froissés. Aucun vêtement, aucune trousse de toilette ou article de voyage. C'est absurde ! Intrigué, je décide de poursuivre mes recherches. Oubliant Mister Micro couché à quelques centimètres, je fouille les autres bagages : idem ! Le sac de couchage ? Des chiffons. L'étui de guitare ? Des chiffons. Le cabas ? Encore des chiffons ! Ça sent le piège à pleines narines. Je vais avoir besoin d'aide, cette fois, je n'ai pas le choix.

6
Mauvaise Posture

Si seulement je pouvais parler un instant avec mon institutrice... Aucune chance, on ne me laissera pas l'approcher. Il faudrait mettre la main sur la basketteuse. C'est elle qui détient la clef de l'affaire, c'est sûr. Mais comment faire ? Impossible de sortir, les contrôleurs vont me tomber dessus...

En désespoir de cause, je réveille Mister Micro.

– Hum ? grogne-t-il.

– Je suis désolé, m'sieur, c'est vraiment important...

Il se dresse sur sa couchette, exaspéré :

– Quoi, à la fin ? Pétard, quel calvaire, ces voyages en train-couchettes !

– Vous avez raison, c'est la galère ! En plus, il y a un problème. Je sais qu'on est en pleine nuit, mais ça urge. Si vous pouviez me rendre un petit service...

En quelques mots, j'explique la situation. Mon institutrice accusée, la basketteuse évaporée et, surtout, ces bagages suspects.

– Je ne comprends rien à ton charabia ! Qu'est-ce que tu attends de moi ? demande-t-il, agacé.

– Aidez-moi à retrouver la Hollandaise.

– J'ai mieux à faire à cette heure !

– S'il vous plaît ! À Perpignan, il sera trop tard. Questionnez les contrôleurs, dites n'importe quoi, que vous vous inquiétez, qu'elle voyage avec vous ; enfin, essayez de la localiser ! Après, je vous fiche la paix, promis !

Comme s'il portait le poids du monde sur les épaules, il se lève et quitte le compartiment. Je suis seul quelques minutes. Je réfléchis. La mère Cyanure avait emporté son sac à main avec elle, mais il reste sa valise. Je ne résiste pas à l'envie de l'ouvrir. J'ai un peu honte de fouiller comme ça. Je me hisse sur la couchette supérieure, où le contrôleur l'a mise. Son contenu est plus classique que celui de la basketteuse : vêtements, trousse de toilette, revues. Je tâtonne. Incroyable, un double-fond ! Dessous, ma main rencontre un objet métallique, assez lourd. Un revolver ! Que fiche la mère Cyanure avec une arme ? Tout se mélange dans ma tête. Elle me paraît soudain aussi suspecte que la basketteuse. Et si les gendarmes de Perpignan trouvaient le revolver ?

J'ai à peine le temps de refermer la valise en hâte que la porte du compartiment s'ouvre. Mister Micro serait-il déjà de retour ? Non, ce n'est pas lui ! Cette grande silhouette, cette démarche... La basketteuse ! Mon cœur s'emballe. Elle n'a pas dû me voir dans la pénombre, car elle s'avance vers la fenêtre, relève le store et ouvre le panneau supérieur. À toute allure, elle vide ses bagages et

commence à jeter les chiffons par la fenêtre, avant de se débarrasser carrément de son sac à dos.

Dans un réflexe idiot, je pointe ma torche sur elle :

– Qu'est-ce que vous faites ?

Surprise, elle s'empare de ma torche.

Elle me saisit avec force par le menton :

– Écoute-moi bien, petit, siffle-t-elle. Tu n'as rien vu, rien entendu, c'est compris ? À la frontière, je décampe et, adieu, tu n'entends plus parler de moi. Mais un seul mot de tout ça, et je me charge de toi !

Je suis sidéré : son accent a disparu ! Je réussis tout de même à balbutier :

– Qu'est-ce que vous voulez à mon institutrice ?

La fausse Hollandaise a un sourire mauvais.

– Elle a mis le nez dans ce qui ne la regardait pas, rétorque-t-elle. Maintenant, au dodo, et pas un geste jusqu'à Perpignan, c'est clair ?

Je m'apprête à appeler au secours, mais elle plaque sa main sur ma bouche et grince :

– À ta place, je n'essaierais pas.

Je ravale ma salive avec peine. Voici que Mister Micro réapparaît.

– Ah, vous voilà, vous ! lance-t-il à la basketteuse, qui fait comme si de rien n'était et abaisse le store. À quoi vous jouez ? Le petit s'inquiétait, et...

– Et pien, me foilà, dit-elle en retrouvant subitement son accent. Che crois qu'il est temps te tormir, non ?

Mister Micro bâille à s'en décrocher la mâchoire.

– Vous prêchez un convaincu, marmonne-t-il.

J'essaie d'attirer son attention, mais cet abruti est aussi aveugle qu'une chauve-souris. Manifestement, il ne comprend pas la situation. La basketteuse a vidé tous ses bagages, jeté son sac à dos, et pourtant cet imbécile de Mister Micro n'a rien remarqué. Et, vu sa lenteur à la comprenette, même si je lui parle, il ne va pas piger. De toute façon, il ne serait pas capable de neutraliser cette géante.

Elle occupe maintenant la couchette du bas, sûrement pour s'esquiver plus vite. Ma position en surplomb m'offre au moins un avantage : mes mouvements ne sont plus dans son champ de vision.

Je cherche désespérément une idée. Les minutes s'écoulent.

Il est sept heures passées quand l'annonce redoutée retentit :

« Mesdames et messieurs, dans quelques minutes, nous allons effectuer un arrêt exceptionnel en gare de Perpignan. Nous vous demandons de ne pas descendre du train, ni d'ouvrir les portes. »

Catastrophe ! Il n'y a plus une minute à perdre !

Tant pis, je dois tenter le tout pour le tout.

7
Perpignan, fin de l'aventure

Silencieusement, mon bras glisse vers la valise de la mère Cyanure. Comme un serpent, ma main rampe jusqu'à la fermeture Éclair, la fait coulisser, se faufile à l'intérieur et palpe le fond. Je retiens mon souffle. Dans une contorsion surhumaine, je parviens à attraper le revolver. Puis, tout tremblant, j'attends que la basketteuse se lève. La sueur perle sur mon front. Mes doigts se crispent sur la crosse.

Au moment où la Hollandaise se dresse, je brandis le revolver dans sa direction et ordonne :

– Ne bougez pas !

Mister Micro bondit aussitôt sur ses pieds.

– C'est quoi, ce cirque ? souffle-t-il, stupéfait.

Je hurle en tenant la fausse Hollandaise en joue :

– Grouillez-vous ! Alertez les contrôleurs ! Vite !

Mais il n'a pas le temps de sortir, car la Hollandaise l'empoigne à la gorge et menace de lui couper la carotide avec un couteau. Comment la viser ?

– Baisse cette arme, gamin, tu ne sais pas t'en servir ! vocifère-t-elle sans lâcher Mister Micro.

Je suis paniqué. Le bruit a attiré l'attention des voyageurs du compartiment voisin. Quelqu'un ouvre notre porte, la referme avec précipitation et appelle à l'aide. La basketteuse a une seconde d'hésitation. Profitant de son inattention, Mister Micro parvient à se dégager. Il lui flanque un coup de coude magistral dans l'estomac. Pliée de douleur, elle recule et se trouve dos à moi. Elle se redresse, suffoquée. Toujours perché sur ma couchette, je lui assène un violent coup sur la nuque avec la crosse du revolver. Elle s'écroule à terre.

Je bégaie, pétrifié :

– Elle... elle n'est pas morte ?

– Non, juste assommée, déclare Mister Micro.

Et, cette fois-ci, ce n'est pas du bluff.

Encore sous le choc, nous la ligotons avec un drap. Une minute plus tard, les contrôleurs font irruption dans le compartiment.

– Ça devient le Far West, s'indigne l'un d'eux.

Dans le couloir, ça s'affole. Toute la rame est sens dessus dessous.

Dès notre arrivée en gare de Perpignan, deux gendarmes montent à bord du train. La fausse Hollandaise et la mère Cyanure sont débarquées. L'arrestation de la basketteuse me fait espérer que mon institutrice sera disculpée. Mister Micro et moi sommes aussi priés de descendre pour « procéder à une déposition ». Les gendarmes souhaitent tirer l'affaire au clair. Ils nous entraînent dans un bureau de la gare.

– C'est bien ma veine ! proteste Mister Micro, furieux. Si le train repart, je vais comment à Barcelone ? Et mes bagages ?

Quant à moi, j'ai intérêt à prévenir mon père. S'il ne me trouve pas à l'arrivée, il va être mort d'angoisse.

– Calmez-vous, on va trouver une solution, nous assure le capitaine.

Puis il me demande de reprendre toute l'histoire depuis le début. J'en suis à l'épisode de la voiture-bar, lorsqu'un homme entre dans le bureau.

– Inspecteur Esteban ! s'exclame mon institutrice, soulagée. Elyo a donc réussi à vous joindre !

– On peut dire que vous m'aurez fait cavaler depuis Barcelone ! dit-il, essoufflé. Le coup de fil de votre ami était pour le moins confus.

Je le fixe, ahuri. Mon mystérieux interlocuteur était donc un flic ! Il parlemente longuement avec le capitaine de la brigade de Perpignan. Je n'entends pas ce qu'ils disent, mais mon institutrice est finalement relâchée.

– On me convoquera plus tard, me dit-elle.

Je ne sais pas si ce sont mes nerfs, la surprise ou l'incompréhension, mais j'explose littéralement :

– J'en ai ma claque ! Vous allez m'expliquer ce qui se passe, oui ou non ?

Elle se fige :

– Je suis désolée, Elyo, je ne voulais pas te mêler à cette histoire.

Ça alors ! Elle s'adresse à moi comme à un adulte !

– Je me rends à Barcelone pour témoigner à un procès, me confie-t-elle. Au début, on a juste cherché à m'en dissuader, sans plus. Mais, depuis quelques jours, les choses ont pris une nouvelle tournure. J'ai reçu des lettres de menaces. Cette femme a feint d'être assommée pour pouvoir m'accuser ; elle était chargée de m'empêcher de témoigner. Je n'aurais jamais imaginé qu'ils iraient jusque-là !

Je secoue la tête :

– Pourquoi vous ne m'avez rien dit ? Ni aux contrôleurs ?

– Je crois que j'ai eu peur.

Je chuchote :

– Et le revolver ?

La mère Cyanure se mord la lèvre :

– Un simple pistolet d'alarme. Juste pour impressionner.

Je repense à mon geste désespéré. Une chance qu'on ait été dans la pénombre ! La basketteuse n'y a vu que du feu ! Je suis à la fois vexé et rassuré. Dire que j'ai failli prendre mon institutrice pour une criminelle !

– Il faut y aller, lui dit soudain l'inspecteur Esteban, si vous voulez être à l'heure à la première audience.

Je demande :

– Mais c'est quoi, cette histoire de procès ?

La mère Cyanure interroge le policier du regard. Il hoche la tête.

Alors, elle m'explique :

– Mon frère est journaliste à Barcelone. Il y a deux ans, il m'a proposé de l'accompagner en Afrique, au Niger. Il était chargé d'écrire un article sur un convoi humanitaire. Lors de l'opération, on a découvert un trafic de faux médicaments. Des centaines de malades étaient soignés avec des cachets qui n'ont aucun effet sur la maladie. On appelle ça des placebos. J'ai participé à l'enquête sur place et avec l'aide de l'inspecteur Esteban, un ami de mon frère, nous avons révélé qu'un laboratoire pharmaceutique espagnol se trouvait à l'origine de cette escroquerie criminelle. Les enjeux financiers sont énormes, et le procès va être long et difficile.

Je suis atterré. Un trafic de médicaments ? Quelle bande d'ordures !

Je regarde ma maîtresse. J'ai du mal à l'imaginer en train de barouder au Niger ! Finalement, elle est plutôt cool.

Elle pose sa main sur mon épaule.

– En tout cas, me glisse-t-elle, je suis fière de toi, Elyo.

Je ne réponds rien. Moi aussi, je suis fier d'elle. Mais plutôt attraper la varicelle que le lui avouer !

Déjà au volant de sa voiture, l'inspecteur Esteban nous interpelle :

– Vous montez ? On est à la bourre.

Nous récupérons nos bagages et nous nous installons.

Au moment de démarrer, on entend un cri. C'est Mister Micro qui gesticule derrière la vitre.

– Euh…, dit-il à Esteban, qui vient de baisser la vitre, vous pourriez m'amener à Barcelone, moi aussi ?

– Venez !

Nous prenons enfin la route, tous les quatre. Je vais bientôt passer la frontière espagnole, assis à l'arrière de l'auto d'un inspecteur. Quand je raconterai ça à maman…

Une chose est sûre, je ne dirai plus jamais que les trains de nuit sont des trains d'ennui !

40274 - 51

Dans la même collection

La loi du plus fort

Défi d'enfer

La honte de Takao

Achevé d'imprimé en avril 2006 par Oberthur Graphique
35000 Rennes - N° Impression : 7013
Imprimé en France